Voluntarios al rescate

Monika Davies

Las personas ayudan

Muchas personas hacen trabajo voluntario.
Ayudan de muchas maneras.
Algunos pueden ayudar a que el
parque esté bonito.
Otros pueden ayudar en un banco
de alimentos.

Salta a la ficción

Clara ayuda

Hola, soy Clara.
Soy pilota.
Conduzco aviones.
¡Mira cómo vuelo!

También soy voluntaria.
Eso quiere decir que ayudo
a las personas.
Me gusta ser voluntaria.
¡Mira cómo ayudo!

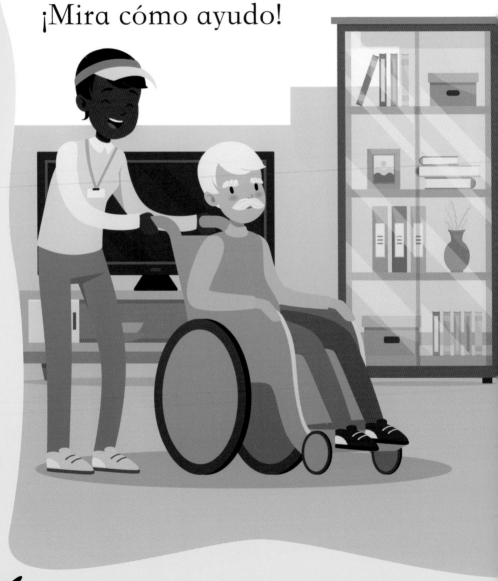

Vuelve al texto de no ficción

Mucho que hacer

Los voluntarios trabajan mucho.

Hacen cosas buenas.

Ayudan a personas y animales que
lo necesitan.

Ayudan gratis.

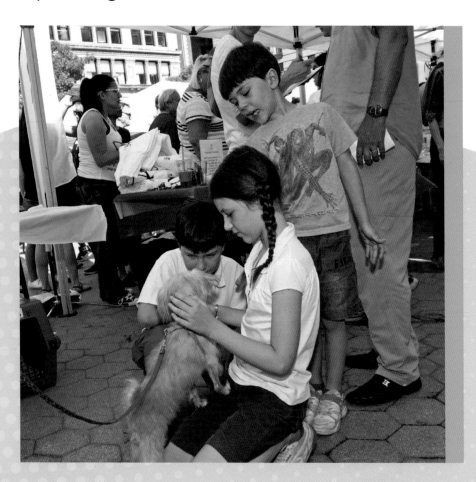

Él ayudaba

Benjamin Franklin vivió hace
mucho tiempo.
Inventó muchas cosas.
También fue bombero voluntario.

Hay voluntarios de todas las edades.
Casi cualquiera puede ser voluntario.

¡Tú puedes ayudar!

Puedes levantar la basura.
También puedes plantar flores.

Ayudar en el banco de alimentos

Algunas personas ayudan en bancos de alimentos.

Consiguen los alimentos.

También los acomodan.

Piensa y habla

¿Qué tipo de trabajo voluntario puedes hacer donde vives?

Los bancos de alimentos ayudan a muchas personas.
Les dan comida gratis a los que necesitan.
Entonces, ellos pueden comer.

Alimentos y algo más

Los bancos de alimentos también reparten otras cosas, como jabón y champú.

Las personas van a los bancos de alimentos cuando necesitan ayuda. Los bancos de alimentos ayudan en los momentos difíciles.

Pasar hambre

Hay muchas personas que no tienen suficiente comida.
Los bancos de alimentos ayudan a millones de personas todos los años.

Los bancos de alimentos
reparten comida saludable.
Pueden ser latas de frutas.
Pueden ser frijoles o arroz.

Hay muchos bancos de alimentos.
Allí también hay muchos voluntarios.
Ellos quieren dar su tiempo para ayudar.

¿Cuántos hay?

Hay más de 200 bancos de alimentos en Estados Unidos.

Dar a los demás

Todos necesitamos ayuda alguna vez.
Todos podemos encontrar maneras
de ayudar a los demás.
Hacer trabajo voluntario es una
manera de ayudar.
Es una buena manera de darles algo
a los demás.

Piensa y habla

¿Cómo has ayudado a los demás?

Civismo en acción

Tú puedes ayudar en tu comunidad. Ayuda a un banco de alimentos a conseguir alimentos. Sigue estos pasos.

1. Escríbeles cartas a tus familiares y amigos. Pídeles que donen alimentos para un banco de alimentos. Asegúrate de decirles qué tipo de alimentos necesitas.

2. Junta las donaciones. Ponlas en bolsas y cajas.

3. Lleva las cosas a un banco de alimentos cercano. ¡Un adulto puede ayudarte!